Selbstschutz mit Gegenständen

Selbstschutz mit Gegenständen

Effektive Verteidigung mit Alltagsgegenständen

von Cord Sander

Impressum

Bibliografische Information der Deutschen Bibliothek:
Die Deutsche Bibliothek verzeichnet diese Publikation in der
Deutschen Nationalbibliografie; detaillierte bibliografische Daten
sind im Internet über http://dnb.ddb.de abrufbar.

© 2007 Cord Sander
Herstellung und Verlag: Books on Demand GmbH Norderstedt
ISBN: 978-3-8334-9294-5

Inhalt

Warnung

Alle gezeigten Techniken sind gefährlich und können zu schweren Verletzungen führen. Sie sollten mit größter Vorsicht trainiert und nur im äußersten Notfall angewendet werden. Es ist stets die Verhältnismäßigkeit zu wahren. Der Herausgeber, Autor und alle, die an diesem Buch mitgewirkt haben, lehnen jede Haftung ab.

Vorwort

Seit vielen Jahren bin ich in der Selbstverteidigung, Selbstbehauptung und Kampfkunst als Lehrer tätig. Auf vielen Seminaren habe ich festgestellt, daß Selbstverteidigung mit einfachen Techniken mit Alltagsgegenständen, wie z.B. Stiften, Besen oder Zeitungen relativ wenig bekannt sind und entsprechend selten trainiert werden. Viele Kampfsportler trainieren die waffenlose Verteidigung, vergessen dabei aber oft, daß ihre Chancen mit einfachsten Mitteln weitaus höher sein können. Die Effizienz der Verteidigung liegt nicht nur in hochkomplexen Technikkombinationen, mit denen man seinen Gegner durch verschiedene Hebel unter Kontrolle bringt. Sie liegt oft eher in einer einfachen, dem jeweiligen Verteidiger angepaßten, durchaus unspektakulären Technik. Die nachfolgenden Seiten sollen diese Form der Selbstverteidigung mehr ins Bewußtsein rücken und Anleitung für verschiedene Techniken geben.

Einleitung:

Gegenstände als Mittel der Verteidigung zu betrachten, bedeutet, diese Gegenstände auch als Waffen wahrzunehmen. Das fällt nicht schwer, hat man ein Küchenmesser oder eine Schere in der Hand! Erstaunlicherweise erkennen aber die wenigsten Menschen Eßbesteck (Messer und Gabel) als Waffen. Dies obwohl Messer und Gabel ja offensichtlich als Verteidigungsmittel verwendbar sind. Anders sieht es mit Werkzeugen wie Äxten, Sägen etc. aus. Da allgemein bekannt ist, daß man sich mit ihnen schwer verletzen kann, werden sie instiktiv als gefährlich wahrgenommen. Es gibt also Alltagsgegenstände, die ganz offensichtlich als „Waffen" einsetzbar sind. Wie sieht es jedoch mit anderen Dingen aus. Beispielsweise einem Besen, einer Zeitung, einem halbvollen Bierglas?

Betrachtet man eine Gewaltsituation z.B. in einer Kneipe, lassen gerade Kampfsportler oft Gegenstände auf dem Tisch stehen, die für sie in der Verteidigung sehr nützlich sein könnten. Sie erkennen häufig nicht, daß ein Glas samt Inhalt, ein Aschenbecher, oft auch Salz- oder Zuckerstreuer, der Stuhl, Barhocker oder Tisch ihnen das Leben retten könnten. Selbstverständlich ist hier immer die Verhältnismäßigkeit abzuwägen. Wird ein Verteidiger lediglich verbal attackiert, ist der Einsatz dieser Mittel deutlich überzogen! Greift jedoch ein Gegner mit einem Messer an, so handelt es sich um einen lebensgefährlichen Angriff, zu dessen Abwehr der Einsatz von Hilfsmitteln als legitim zu betrachten ist.

Grundsätzlich nutzen die besten Verteidigungsgegenstände nichts, wenn man sie nicht griffbereit oder nicht schnell zur Hand hat. Ein Beispiel dafür ist das heute leider immer noch sehr beliebte Gasspray. Viele Frauen führen diese Waffe in der Handtasche mit sich. Genau da befindet sich der Fehler! Denn auch wenn sie sich in Situationen begeben, in denen etwas passieren könnte (z.B. in einer dunklen, einsamen Gasse), bleibt das Spray oft in der Handtasche! Sollte die Verteidigerin jedoch gelernt haben, sich mit Gegenständen zu verteidigen, so wird sie die Tasche zur Gegenwehr nutzen. Aber auch wenn sie das Spray griffbereit hat, müssen viele Dinge beachtet werden: Handhaltung und Handhabung, Windstärke und Windrichtung, Räumlichkeiten / Ort der Handlung, Haltbarkeitsdatum des Sprays etc..

Folgendes Beispiel soll darstellen, wie kompliziert die Verteidigung mit Selbstschutzwaffen sein kann: Die Besitzerin einer Gaspistole bewahrte pflichtbewußt ihre Waffe und die Munition getrennt voneinander auf. Sie merkte nicht, daß die Haltbarkeit der Patronen abgelaufen war. Da sie die Waffe nie ausprobiert hatte, war ihr auch nicht bewußt, daß der Spann des Revolvers sehr schwer zu ziehen war. Zudem war die Waffe recht groß, und es lagen keinerlei Erfahrungen mit ihrer Handhabung vor, sodaß sie weitgehend ungenutzt blieb.

Was folgt daraus?

Selbst wenn die Frau im Falle einer Angriffssituation die Waffe geladen und griffbereit hätte, müßte der Angreifer mindestens drei Meter entfernt stehen, die Windrichtung stimmen, die Munition dürfte nicht abgelaufen sein, sie dürfte sich nicht in geschlossenen Räumlichkeiten aufhalten und müsste viele weitere Umstände beachten. Nach meiner Meinung zuviele Hindernisse, um eine effektive Verteidigung durchführen zu können.

Wäre es da nicht sinnvoller, einen Stift in die Hand zu nehmen, den man im Übrigen auch in der Öffentlichkeit festhalten und überall mit hinnehmen kann? Wer geht schon mit einer geladenen Waffe in der Hand in die Disco? Ich denke, es ist effektiver, einem Angriff mit einem einfachen Gegenstand und einer schnellen Technik abzuwehren.

Waffen der Verteidigung haben ganz sicher Vorteile. In der Realität halte ich sie aber für weniger nützlich, als schlechthin angenommen wird. Einfache Alltagsgegenstände hat man meistens bei sich und griffbereit. Sie sind in geübten Händen zur Abwehr einer Gefahrensituation überaus effektiv.

Durch den Einsatz von Gegenständen in der direkten Gegenwehr in Notsituationen ist auch die Identifizierung des Täters oft leichter. Hierfür ein Beispiel: Eine junge Frau wurde auf einem Parkplatz überfallen. Durch heftige Gegenwehr gelang es ihr, den Aggressor in die Flucht zu schlagen. Im Zuge des Kampfes verletzte sie den Angreifer mit ihren Schlüsseln im Gesicht und verursachte eine Wunde, die ärztlicher Versorgung bedurfte. Die Polizei informierte Ärzte und Krankenhäuser der Umgebung. Der Täter wurde in einem Krankenhaus gestellt, in dem er sich behandeln lassen wollte.

Selbstverständlich ist man auch mit umfangreichen Kenntnissen der Selbstverteidigung mit Gegenständen nicht unbesiegbar. Absolute Sicherheit gibt es nicht. Man kann jedoch nach meiner Meinung die eigenen Chancen in einer Notsituation um ein Vielfaches erhöhen.

Kapitel 1

Gegenstände in der Verteidigung

Gegenstände in der Verteidigung

Gegenstände wurden im Grunde schon immer als Mittel zur Verteidigung von den Menschen eingesetzt. In der Geschichte finden wir hierfür zahlreiche Beispiele. Schon die Urzeitmenschen suchten nach effektiveren Mitteln, sich gegen wilde Tiere oder andere Stämme zu verteidigen und bei der Jagd größere Chancen auf Erfolg zu haben. Zunächst nahmen sie Knüppel und Keulen. Später entwickelten sie daraus Waffen. Viele Jahrhunderte später hört man von Schlachten, in denen den Soldaten die Munition ausgegangen war und sie in ihrer Verzweiflung den Gegner mit Steinen bewarfen. Die Effizienz sei außer Acht gelassen, aber sie nahmen sich gerade das, was sie zu fassen bekamen, um sich damit zu verteidigen. Das japanische Kobudo ist in ganz ähnlicher Weise entstanden. Das gemeine Volk durfte über einen langen Zeitraum keine Waffen besitzen, wurde aber ständig von Räubern und Ronin (herrenloser Samurai) attackiert. So nahm sich z.B. der Müller den Hebel des Mühlrades zur Verteidigung. Eine Waffe, die heute von Einheiten unserer Polizei als Mehrzweck - Einsatzstock, oder auch Tonfa genutzt wird. Die Wanderer und Mönche nahmen einen langen Wanderstab, um sich gegen Übergriffe zu wehren. Gegenstände des Alltags wurden also als Waffen genutzt. Meister der Kampfkunst entwickelten damit Verteidigungsstrategien und so entstanden am Ende hochwirksame Kampfkünste.

Die Idee, alltägliche Gegenstände zur Verteidigung zu nutzen, ist also keineswegs neu. Wir haben das Glück, in einer sicheren Umgebung zu leben, mit einem stabilen Rechtssystem und schnellen Hilfsmaßnahmen (z.B. Notruf). Wir müssen im Grunde nicht wirklich oft um unser Leben kämpfen. Wie verhalten wir uns aber, wenn wir überfallen oder angegriffen werden, in einem Moment also, in dem das Rechtssystem und rettende Kräfte kurzfristig nicht zur Verfügung stehen, um uns zu schützen? Welche Möglichkeiten gibt es, wenn man von einem bewaffneten Gegner attackiert wird? In diesem Fall wäre es klug, sich mit Verstand, guter Technik und allen zur Verfügung stehenden (verhältnismäßigen) Mitteln zu verteidigen. Einfache Gegenstände, wie z.B. ein Stift, Besen, Regenschirm oder eine Zeitung können uns hier das Leben retten, sofern eine Flucht nicht möglich ist.

Gegenstände lassen sich nach Art der Selbstverteidigung einteilen. Ausschlaggebende Kriterien dabei sind die Form und Beschaffenheit des Mittels. Ist ein Gegenstand weich und flexibel oder fest und starr, lang oder kurz, dick oder dünn? Der Einsatz eines Gegenstandes richtet sich nach der Art des Angriffs.

Dieses Buch behandelt eine Auswahl von Gegenständen, die sich zur schnellen Verteidigung eignen und anbieten. Es gibt Einblicke und Beispiele verschiedener Möglichkeiten der Anwendungen.

Einteilung nach Größe, Festigkeit und Einsatzmöglichkeit:

1. Klein, schmal mit Kante oder Spitze Diese Gegenstände lassen sich gut für Druckpunkte, Stoß- oder Stichtechniken verwenden.

- Kugelschreiber
- Stifte allgemein
- Schlüssel
- Haarbürste
- Kubotan / Mini Stick
- und ähnliches
- Teelöffel
- Feuerzeug

2. Mittellang bis lang, schmal, mittlere Stabilität Diese Gegenstände lassen sich gut für unterstützte Block-, Schlag-, Stoß- und Kontrolltechniken verwenden.

- Knirps-Regenschirm
- Stockschirm
- und ähnliches
- Luftpumpe
- Wasserflasche (voll)
- Zeitschrift (gerollt)
- Besen

3. Weich, lang, flexibel mit und ohne Gewicht am Ende Diese Gegenstände lassen sich gut für Wickel-, Kontroll-, Schlag-, Würge- und Hebeltechniken verwenden.

- Schlüsselband
- Gürtel
- Seil
- Handtuch
- Kravatte
- und ähnliches
- Schal
- T-Shirt

4. Groß, schwer und starr Diese Gegenstände lassen sich zum Blocken, schwungvollen Schlagen, Abstandhalten etc. verwenden.

- Fahrrad
- und ähnliches
- Barhocker
- Stuhl

5. schmal, fest, kantig Diese Gegenstände lassen sich gut zum Schneiden und Stoßen verwenden.

- CD
- CD Hülle
- Buch
- Parkscheibe
- EC - Karte
- und ähnliches

6. groß, starr, hart, teilweise fest installiert Diese Gegenstände lassen sich gut verwenden, indem man den Gegner gegen den Gegenstand wirft, drückt oder ähnliches, oder aber als Barrikade zwischen dem Gegner und Verteidiger nutzt.

- Wand
- Schrank
- Tür
- Pfeiler
- Tisch
- und ähnliches

Hier einige Gegenstände im Bild

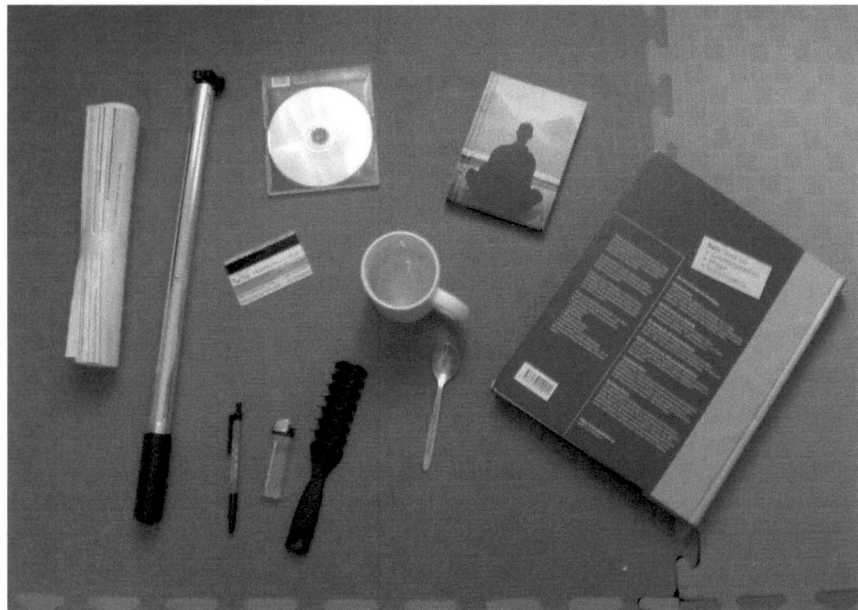

Abb. 1

Notwehr

§ 32 StGB – Notwehr -

(1) Wer eine Tat begeht, die durch Notwehr geboten ist, handelt nicht rechswidrig.

(2) Notwehr ist die Verteidigung, die erforderlich ist, einen gegenwärtigen rechtswidrigen Angriff von sich oder einem anderen abzuwenden.

§ 33 StGB – Überschreitung der Notwehr -

Überschreitet der Täter die Grenzen der Notwehr aus Verwirrung, Furcht oder Schrecken, so wird er nicht bestraft.

Kapitel 2

Verteidigung mit kleinen, festen Gegenständen

- Feuerzeug -

- Stift / Kugelschreiber -

- Haarbürste -

- Teelöffel / Kaffeetasse -

- Schlüssel -

Feuerzeug

1. Verteidigung gegen einen Schwinger zum Kopf

Abb. 2   Abb. 3

Abb. 4   Abb. 5

Abb. 6

Das Feuerzeug wird so in der Hand gehalten, daß die Seite mit dem Rädchen zwischen Daumen und Zeigefinger gehalten wird (Abb. 2). Der Aggressor greift mit einem Schwinger zum Kopf an (Abb. 3). Der Verteidiger blockt, geht dabei tief in den Angriff vor und schlägt gleichzeitig mit dem Feuerzeug abwärts zur Wange des Angreifers (Abb.4). Dabei trifft er mit dem Feuerzeugrädchen die Wange. In der Rückholbewegung schlägt der Verteidiger mit dem Feuerzeug zur anderen Seite des Gesichts (Abb. 5 - 6).

2. Verteidigung gegen einen Schwinger zum Kopf

Abb. 7   Abb. 8

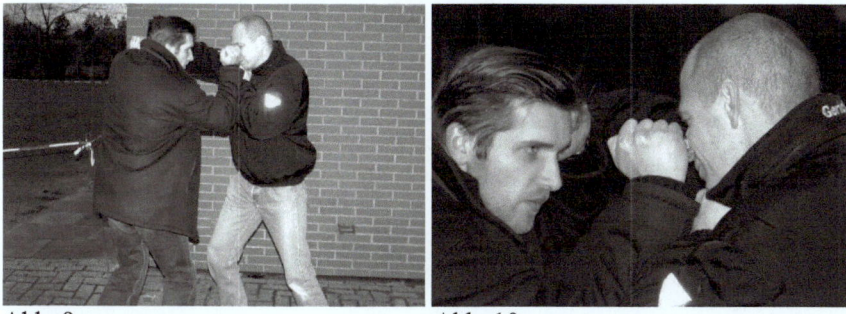

Abb. 9   Abb. 10

Das Feuerzeug wird fest in die Hand genommen und steht an der Kleinfingerseite etwas hervor (Abb. 7). Der Aggressor geht mit einem Schwinger zum Kopf vor (Abb. 8). Der Verteidiger geht tief in den Angriff vor und blockt. In diesem Moment schlägt er mit dem Feuerzeug seitlich zum Nasenbein des Angreifers (Abb. 9-10).

3. Verteidigung gegen Kragengreifen

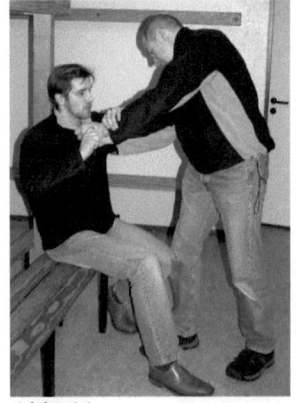

Abb. 11

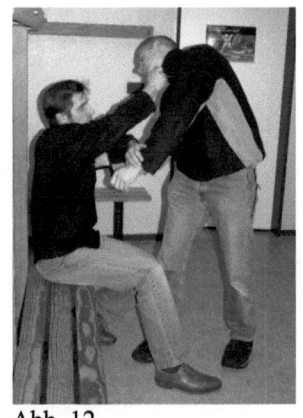

Abb. 12

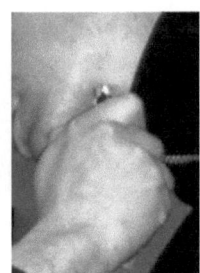

Abb. 12 A

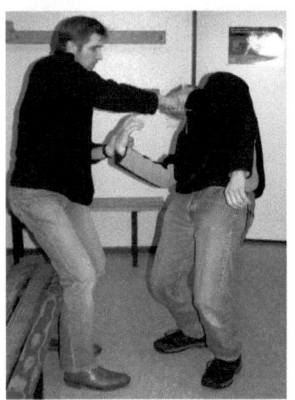

Das Feuerzeug wird mit dem Rädchen daumenwärts gehalten. Der Angreifer hält den Verteidiger mit beiden Händen am Kragen fest (Abb. 11). Mit der linken Hand fixiert der Verteidiger die linke Hand des Gegners und setzt mit rechts das Rädchen des Feuerzeugs auf dessen Handrücken an (Abb. 11). Sobald der Griff sich lockert, setzt der Verteidiger an der rechten Hand einen Handgelenkshebel an und stößt mit dem Feuerzeug unter das Kinn des Aggressors (Abb. 12 – 14). Der Gegner wird kontrolliert zu Boden gebracht (Abb. 15).
Abb. 13

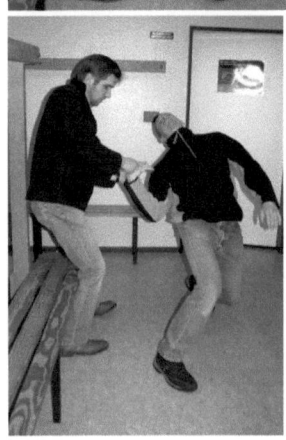

Abb. 14

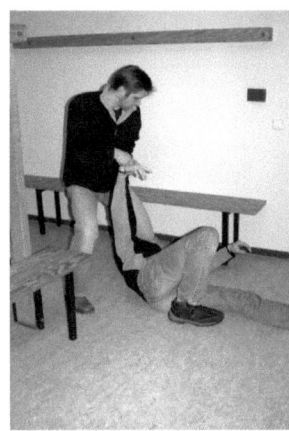

Abb. 15

Stift – Techniken

1. Verteidigung gegen Kragengreifen

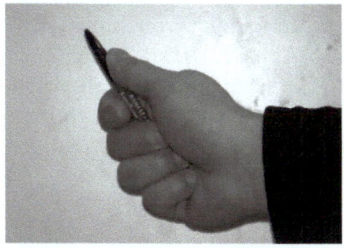

Der Stift wird mit der Spitze daumenwärts gehalten (Abb. 16). Der Angreifer ergreift mit beiden Händen den Kragen des Verteidigers, der die Spitze des Stiftes auf dem Handrücken des Aggressores ansetzt und Druck aufbaut (Abb. 17 – 19). Sobald der Angreifer den Griff löst, schiebt der Verteidiger die gegnerische Hand weg und nimmt Abstand (Abb. 20)

Abb. 16

Abb. 17

Abb. 18

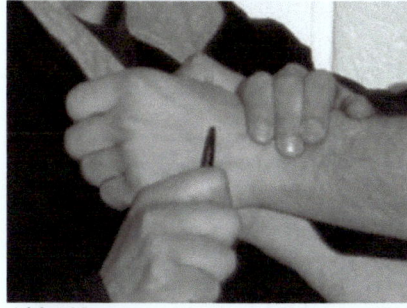

Abb. 19

Abb. 20

2. Verteidigung gegen Umklammern von hinten über den Armen

Abb. 21
Der Stift wird mit der Spitze kleinfingerwärts gehalten und mit dem Daumen auf den Druckknopf fixiert (Abb. 21). Der Angreifer umklammert den Verteidiger von hinten fest über den Armen (Abb. 22). Der Verteidiger holt mit dem Stift aus und stößt ihn mit voller Wucht in den Oberschenkel des Angreifers (Abb. 23 – 24). Sobald der Angreifer den Griff löst, nimmt der Verteidiger Abstand, läßt aber den Stift in der Wunde stecken (Abb. 25).

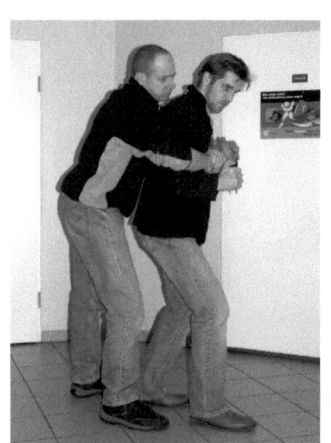

Abb. 22

Abb. 23

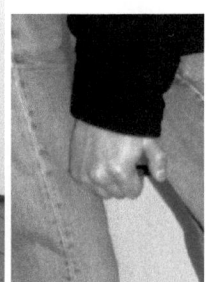

Abb. 23 A

Abb. 24

Abb. 25

3. Verteidigung gegen Umklammern von vorn unter den Armen

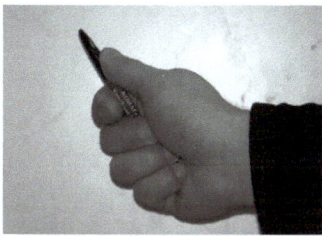

Abb. 26
Der Stift wird mit der Spitze daumenwärts gehalten (Abb. 26). Der Angreifer umklammert den Verteidiger von vorn unter den Armen (Abb. 27). Der Verteidiger setzt den Stift mit der Spitze an der Wange des Angreifers an und drückt zu (Abb. 28 – 29). Um die Technik sicher durchführen zu können, sollte der Verteidiger den Kopf mit der freien Hand fixieren. Vorsicht, die Wange ist nicht besonders widerstandsfähig und kann leicht durchstoßen werden. Sobald der Angreifer seinen Griff löst, nimmt der Verteidiger Abstand (Abb. 30).

Abb. 27

Abb. 28

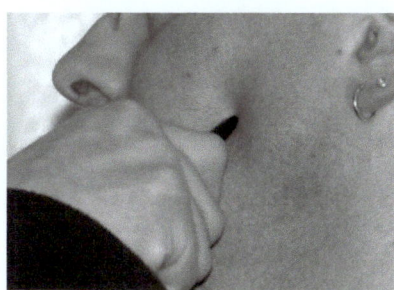

Abb. 29

Abb. 30

4. Verteidigung gegen einen Fußtritt

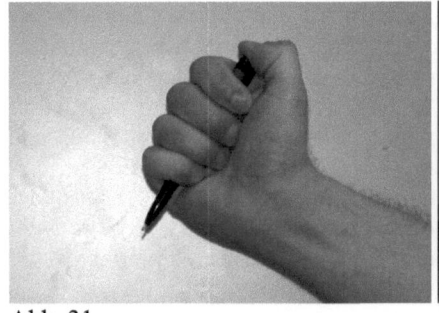
Abb. 31

Abb. 32

Abb. 33

Abb. 33 A

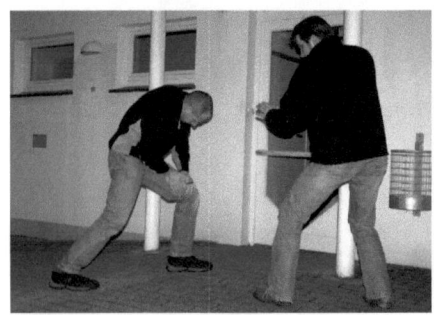
Abb. 34

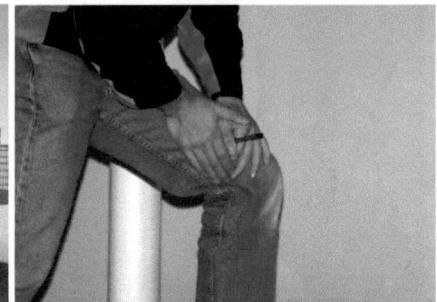
Abb. 35

Der Stift wird mit der Spitze kleinfingerwärts gehalten (Abb. 31). Der Aggressor greift mit einem geraden Fußtritt zum Bauch an (Abb. 32). Der Verteidiger weicht nach innen aus und stößt den Stift mit der Spitze in den Innenoberschenkel (Abb. 33-35). Den Stift sollte man in der Wunde lassen. Er wirkt wie ein Korken und verschließt die Wunde!

5. Verteidigung gegen einen Schwinger

Abb. 36

Abb. 37

Der Stift wird mit der Spitze daumenwärts gehalten (Abb. 36). Der Angreifer geht mit einem Schwinger zum Kopf vor (Abb. 37). Der Verteidiger weicht nach innen aus, blockt mit links und stößt den Stift in den Unterarm des Aggressors (Abb. 38 - 39). Direkt nach der Technik gegen den Arm nimmt der Verteidiger Abstand (Abb. 40).

Abb. 38

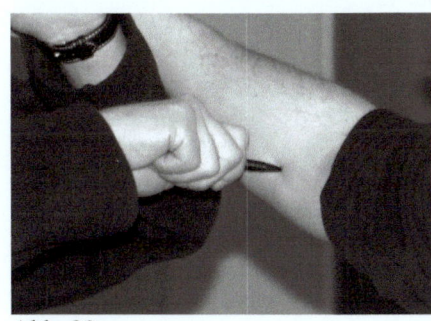

Abb. 39

Abb. 40

6. Verteidigung gegen Umklammern von vorn unter den Armen

Abb. 41

Abb. 42

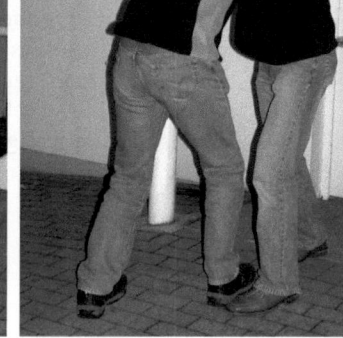

Abb. 43

Abb. 44

Der Stift wird mit der Spitze zum kleinen Finger gehalten (Abb. 41). Der Angreifer umklammert den Verteidiger unter den Armen und hebt ihn hoch (Abb. 42). In diesem Moment setzt der Verteidiger den Stift mit der Spitze an der Fontanelle an und drückt (Abb. 43 - 44). Sobald der Aggressor den Griff löst, stößt der Verteidiger ihn von sich .

7. Verteidigung gegen Würgen von vorn – Daumen auf dem Kehlkopf –
– lebensgefährlicher Angriff –

Abb. 45

Abb. 46

Abb. 47
Abb. 49

Abb. 48

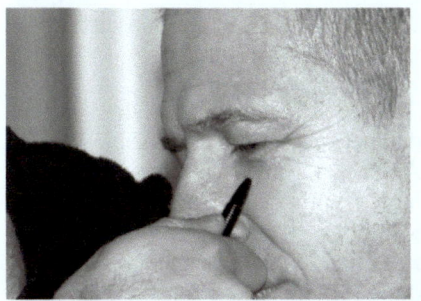

Der Stift wird mit der Spitze daumenwärts gehalten (Abb.45). Der Angreifer würgt den Verteidiger von vorn mit beiden Händen. Die Daumen drücken dabei auf den Kehlkopf (Abb.46). Der Verteidiger schlägt mit dem Unterarm der freien Hand von oben auf beide Ellenbogenbeugen des Gegners, um den Abstand zu reduzieren, die gegnerischen Block-möglichkeiten einzuschränken und mehr Kontrolle über mögliche Ausweichbewegungen des Angreifers zu bekommen (Abb. 47). In dem gleichen Moment zieht der Verteidiger die Schultern hoch und das Kinn zur Brust, um dem Angriff möglichst viel Gewalt zu nehmen. Da der Angreifer jedoch einen zu festen Griff hat, bleibt dem Verteidiger die Möglichkeit, den Stift in der in Abb.45 gezeigten Handhaltung ins Auge zu stechen (Abb. 48 - 49). **Vorsicht: Diese Technik ist ausgesprochen gefährlich für den Angreifer!**

8. Verteidigung gegen den Unterarmwürger von hinten – lebensgefährlicher Angriff –

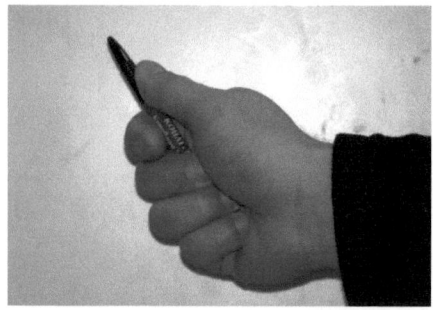

Abb. 50

Abb. 51

Abb. 52

Abb. 53

Abb. 54

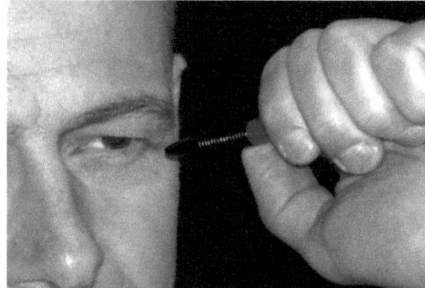

Der Stift wird mit der Spitze daumenwärts gehalten (Abb.50). Der Aggressor würgt den Verteidiger von hinten mit dem Unteram auf dem Kehlkopf (Abb.51). Der Verteidiger zieht mit der freien Hand am Unterarm des Gegners und versucht das Kinn zum Brustbein zu ziehen (Abb.51). Nun stößt der Verteidiger den Stift rückwärts zum Auge des Angreifers (Abb. 52 - 54). **Vorsicht: Diese Technik ist ausgesprochen gefährlich für den Angreifer !**

Haarbürste (grob)

1. Verteidigung gegen Kragengreifen

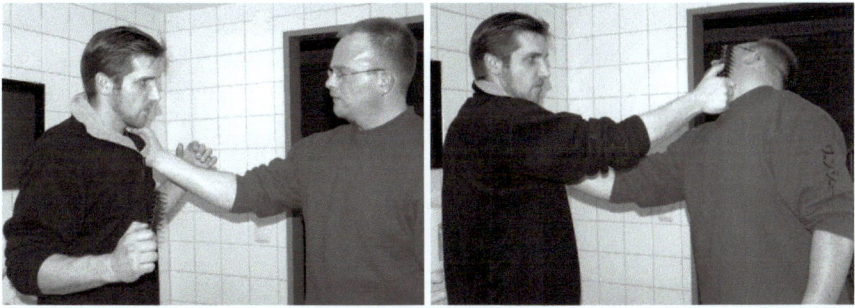

Abb. 55   Abb. 56

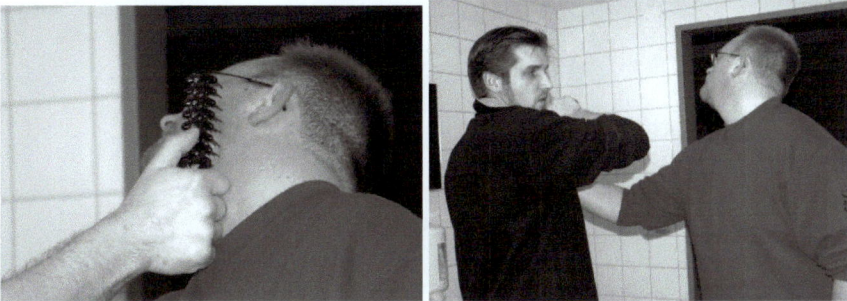

Abb. 57   Abb. 58

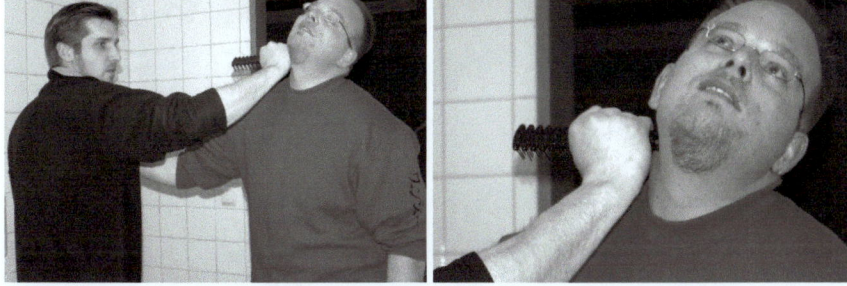

Abb. 59   Abb. 60

Der Verteidiger wird mit einer Hand am Kragen gegriffen (Abb. 55). Die Bürste fest in der rechten Hand haltend, stößt der Verteidiger mit den Borsten zum Gesicht des Angreifers (Abb. 56 - 57). Die Bürste wird zur anderen Seite geführt und der Verteidiger holt für den Rückschlag zum Hals des Aggressors aus (Abb. 58). Er stößt den Stiel zum Hals des Angreifers (Abb. 59 - 60).

2. Verteidigung gegen Umklammern von vorn

Abb. 61

Die Bürste wird ganz normal gegriffen (Abb. 61). Der Angreifer will den Verteidiger von vorn über den Armen umklammern (Abb. 62). Der jedoch blockiert die Umklammerung und stößt die Bürste in den Genitalbereich des Aggressors (Abb. 63 - 64). Der Verteidiger stößt den Angreifer von sich und stößt mit der Bürste nochmal zum Kopf (Abb. 65 - 66).

Abb. 62

Abb. 63

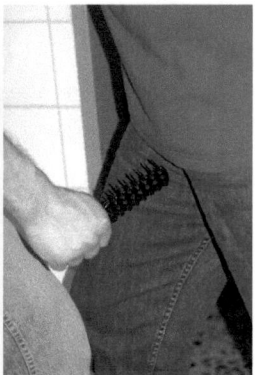

Abb. 64

Abb. 65

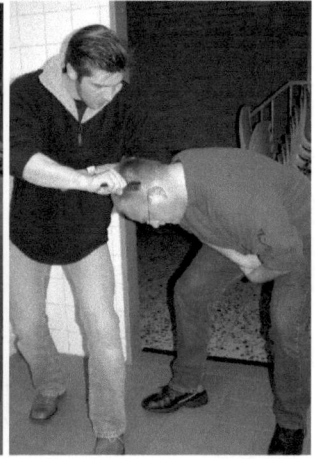

Abb. 66

3. Verteidigung gegen einen Angriff von hinten

Der Verteidiger hält die Bürste in der gebrauchsüblichen Haltung (Abb. 67). Der Aggressor versucht mit einer Hand den Verteidiger von hinten an die Schulter zu fassen (Abb. 68). Bevor der Gegner greifen kann, dreht sich der Verteidiger rechts herum und stößt den Griff seitlich zum Hals des Angreifers (Abb. 69). Der Verteidiger dreht sich weiter hinter den Aggressor, setzt auf der Gegenseite des Halses die Kante der Bürste an und nimmt den Aggressor so in den Haltegriff (Abb. 70). In diesem Haltegriff wird der Angreifer zu Boden geführt und kontrolliert (Abb. 71 – 72).

Abb. 68 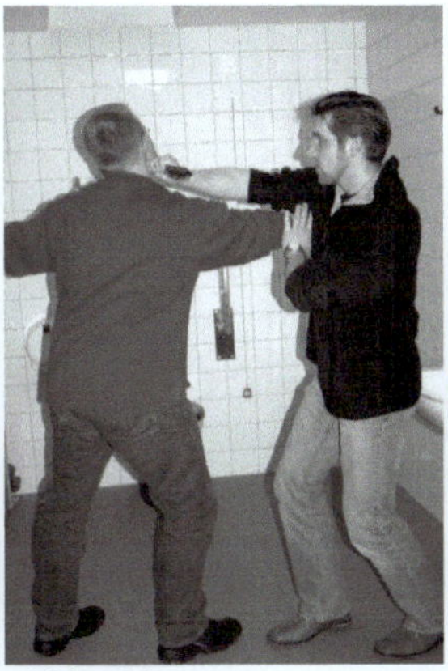   Abb. 69    Abb. 70

Abb. 71 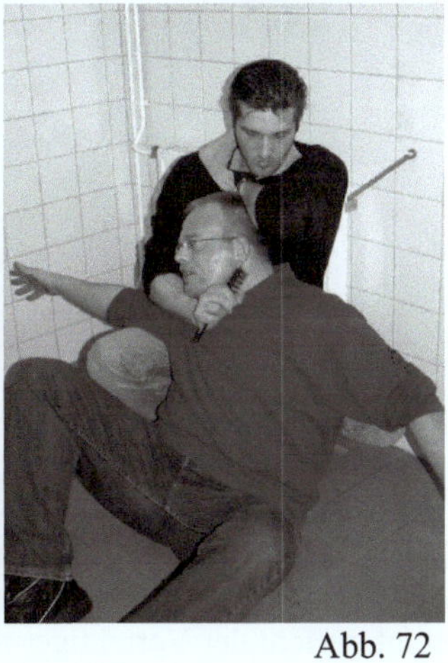   Abb. 72

Teelöffel und Kaffeetasse

1. Verteidigung gegen Kragengreifen

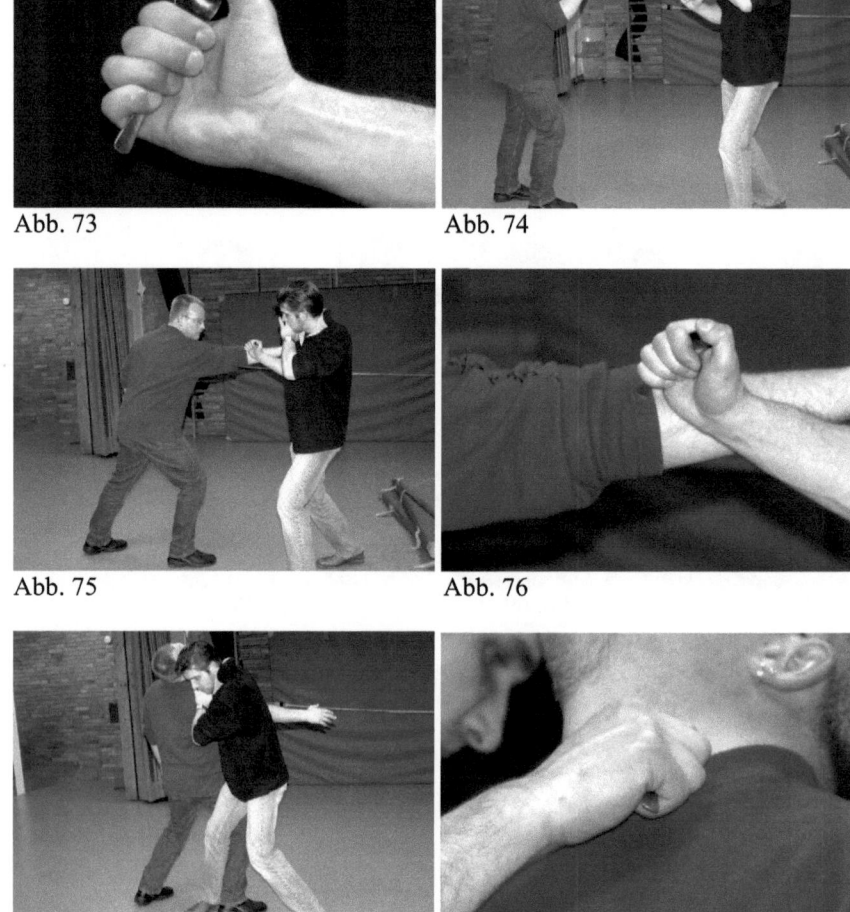

Abb. 73   Abb. 74

Abb. 75   Abb. 76

Abb. 77   Abb. 78

Der Verteidiger hält den Teelöffel umgekehrt in der Hand. Der Aggressor versucht den Verteidiger von vorn zu greifen (Abb. 73 – 75). Bevor der Griff zustandekommt, weicht der Verteidiger nach außen aus und blockt den Arm des

Angreifers, indem er den Löffel zum Ellenbogen stößt (Abb. 75 - 76). Der Verteidiger setzt den Löffel auf der linken Halsseite des Gegners an und stellt

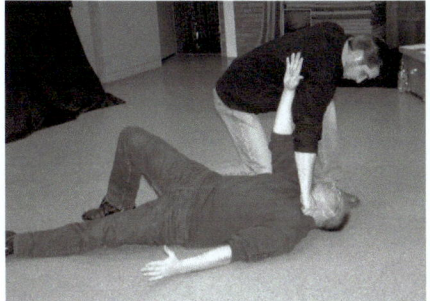

das rechte Bein hinter das rechte Bein des Angreifers (Abb. 77 - 78). Mit Hilfe des Druckpunktes (Abb.78) wirft der Verteidiger den Aggressor mit der großen Außensichel (Abb. 79).

Abb. 79

2. Verteidigung gegen Greifen

Abb. 80   Abb. 81

Der Verteidiger hält eine Kaffeetasse mit Löffel in der Hand. In dem Moment des Versuches, den Verteidiger zu greifen, weicht er nach innen aus und schlägt den Boden der Tasse gegen den Unterarm des Aggressors (Abb. 80 – 81). In der Rückholbewegung stößt der Verteidiger den Löffel, der in der Tasse ist und zwischen Zeige- und Mittelfinger gehalten wird, zur Wange des Gegners (Abb. 82 – 83).

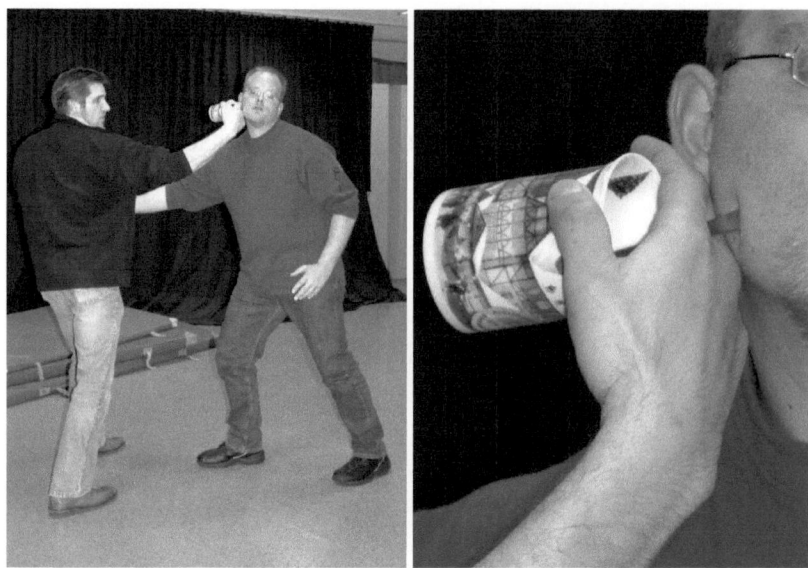

Abb. 82   Abb. 83

3. Verteidigung gegen Umklammern von vorn

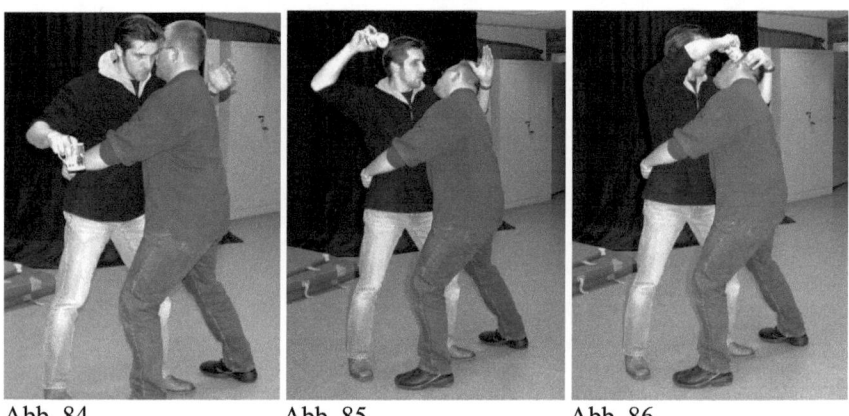

Abb. 84   Abb. 85   Abb. 86

Der Aggressor umklammert den Verteidiger von vorn unter den Armen (Abb. 84). Mit dem Boden des Bechers stößt der Verteidiger zur Schläfe des Gegners und unterstützt die Technik von der Gegenseite mit der freien Hand (Abb. 85 – 86)

Schlüssel

In vielen Kursen, in denen ich Selbstverteidigung und Selbstschutz unterrichtet habe, erfragte ich vor dem Kapitel „Selbstverteidigung mit Alltagsgegenständen" stets die bisherigen Kenntisse über diesen Bereich bei den Teilnehmern. Von der Gegenwehr mit einem Schlüsselbund haben viele schon gehört. Sobald ich mir zeigen ließ, wie man denn den Schlüsselbund halten sollte, zeigte sich ein immer wiederkehrender Fehler. Leider unterrichten auch heute noch viele Selbstverteidigungslehrer diese Variante:

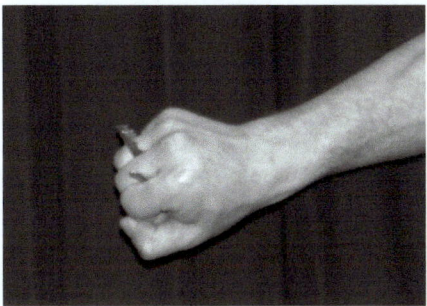

Abb. 87

Bei dieser Haltung können die Schlüssel nicht gut festgehalten werden. In der Regel ist so nur ein Schlag möglich, da sich die Schlüssel während der Technik in der Hand verschieben und die Haut zwischen den Fingern aufreißt. Zudem schließt diese Haltung eine wesentliche Fluchtmöglichkeit aus. Grundsätzlich sollte man den Schlüssel, den man als nächstes benötigt, um z.B. die Haustür oder das Auto zu öffnen, zwischen Daumen und Zeigefinger halten, um sich den entsprechenden Fluchtweg öffnen zu können.

Folgende Griffhaltungen halte ich für nützlich:

Abb. 88

Diese Variante hat den Nachteil, den Schlüssel für die Fluchtmöglichkeit nicht bereit zu haben. Ansonsten können durch Schwungschläge oder direkte Stöße ganz ordentliche Wirkungen erzielt werden.

31

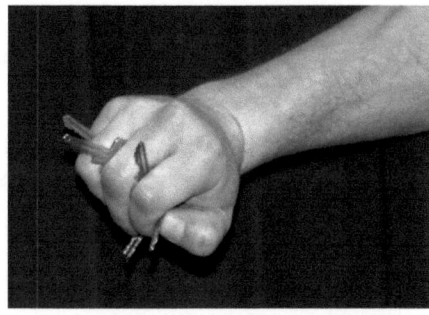

Abb. 89

Der Unterschied zwischen der oben nachteiligen Haltung und der hier aufgeführten liegt im Detail. Zunächst zeigt die Zahnung der Schlüssel nicht zu den Fingerhäutchen. Weiter hält der Verteidiger den Hauptschlüssel zwischen Daumen und Zeigefinger. Ein weiterer wichtiger Unterschied liegt in dem Griff. Die Schlüssel werde so gehalten, daß sie auch bei einem Schlag nicht verrutschen und der Abstand der Schlüssel ist der Fingerbreite angepaßt. Mit dieser Variante kann man recht schmerzhafte Wunden verursachen.

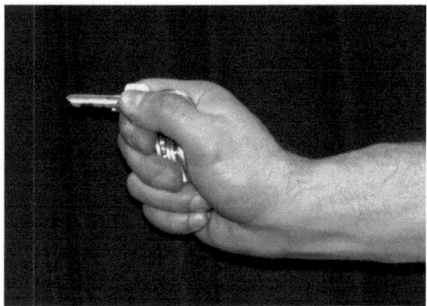

Abb. 90

In dieser Haltung stehen zwar die spitzen Schlüssel zwischen den Fingern nicht zur Verfügung, aber der Nutzen der Gegenwehr und Fluchtmöglichkeit des Hauptschlüssels wird hervorgehoben und die Gefahr von Verletzungen an der eigenen Hand sinkt.

1. Verteidigung gegen Würgen von vorn

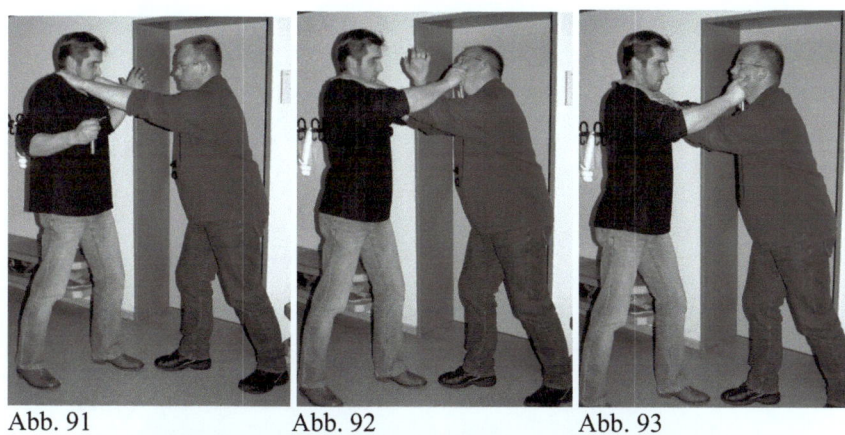

Abb. 91   Abb. 92   Abb. 93

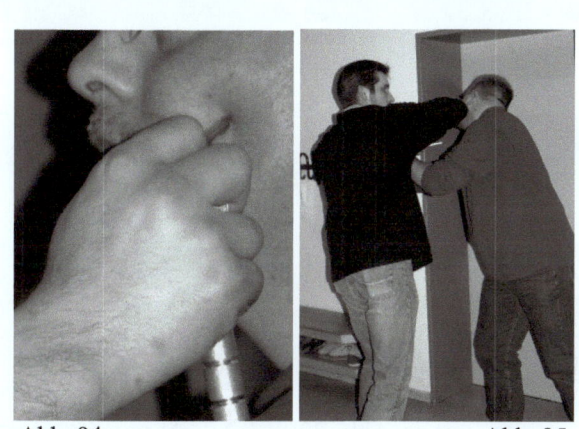

Abb. 94   Abb. 95

Der Angreifer würgt den Verteidiger von vorn mit beiden Händen (Abb. 91). Der Verteidiger stößt den Schlüssel zur linken Wange des Aggressors und greift mit der freien Hand die linke Hand des Gegners (Abb. 92 – 93). Der Verteidiger dreht sich mit rechts vor und stößt dem Angreifer mit dem Ellenbogen zum Gesicht (Abb.94 - 95). Dann nimmt der Verteidiger Abstand und geht in Kampfstellung.

2. Verteidigung gegen einen Fauststoß

Abb. 96

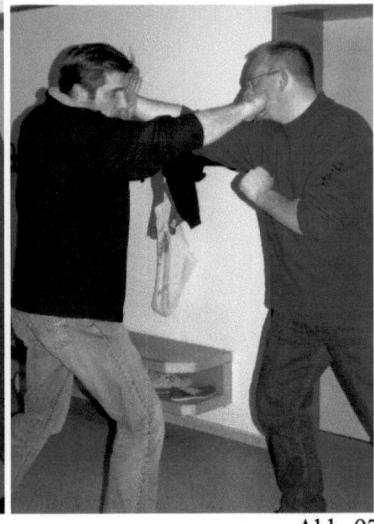

Abb. 97

Abb. 98

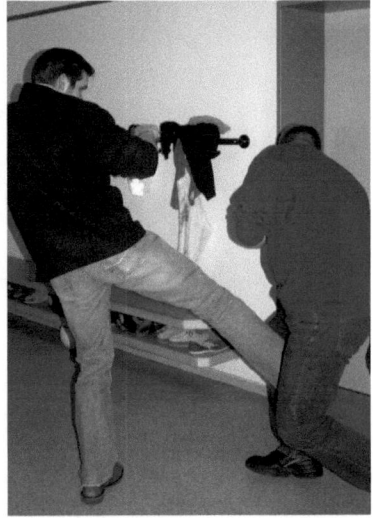

Abb. 99

Die Schlüssel werden, wie in Abb. 89 auf Seite 32 beschrieben ist, zwischen die Finger genommen und der Hauptschlüssel zwischen Daumen und Zeigefinger. Der Aggressor geht mit einem Fauststoß vor (Abb. 96). Der Verteidiger weicht nach innen aus und kontert direkt mit einem Fauststoß mit den Schlüsseln zum Gesicht des Angreifers (Abb. 97 – 98). Um Abstand zu nehmen geht der Verteidiger mit einem Low Kick zurück (Abb. 99).

3. Verteidigung gegen einen Trittangriff zum Bauch

Abb. 100   Abb. 101

Abb. 102

Abb. 103

Der Schlüssel wird am Kubotan (Mini Stick) gehalten, so daß er als Schwungwaffe einsetzbar ist. In dem Moment, in dem der Aggressor mit einem Fußtritt zum Bauch angreift, weicht der Verteidiger nach innen aus und schlägt das Schlüsselbund von rechts zur linken Schläfe des Angreifers (Abb. 100 – 101). In der Rückholbewegung schlägt der Verteidiger erneut mit dem Bund, jedoch von der anderen Seite zur Schläfe (Abb. 102). Zum Abschluß geht der Verteidiger noch einen Schritt vor und stößt den Kubotan mit der Schlüsselseite unter das Kinn des Aggressors (Abb. 103). **Vorsicht: Diese Technik ist ausgesprochen gefährlich für den Angreifer !**

4. Verteidigung gegen Kragengreifen

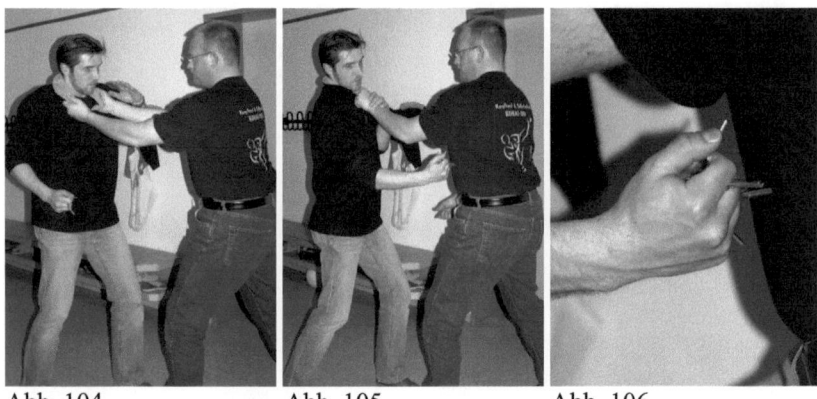

Abb. 104   Abb. 105   Abb. 106

Abb. 108

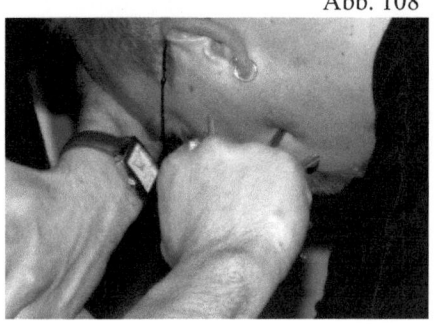

Abb. 107

Der Aggressor ergreift mit beiden Händen den Kragen des Verteidigers (Abb. 104). Die Schlüssel fest zwischen die Finger geklemmt, stößt der Verteidiger die Schlüssel zu den Rippen des Aggressors und ergreift gleichzeitig mit der linken Hand diagonal das linke Handgelenk des Aggressors (Abb. 104 – 106). Sobald der Angreifer den Griff etwas löst und nach unten ausweicht erfolgt noch ein Schlag zur Wange (Abb. 107 – 108).

5. Verteidigung gegen Würgen

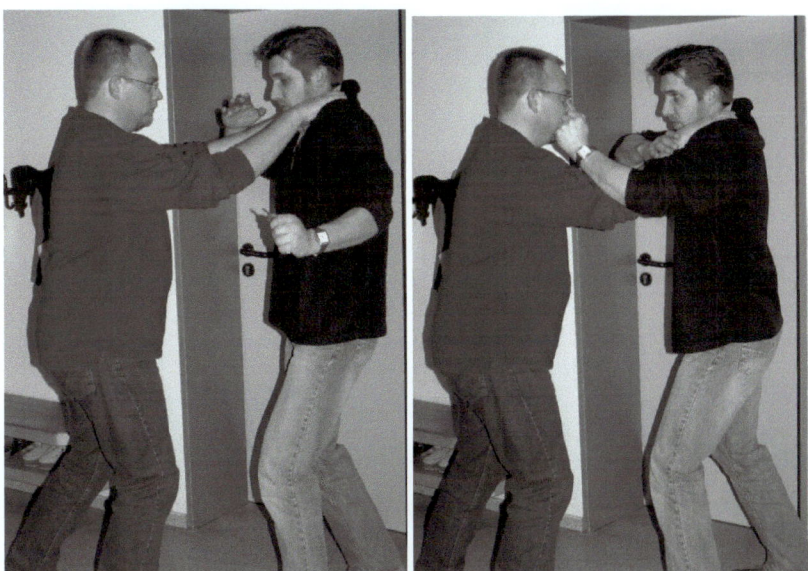

Ab. 109   Abb. 110

Abb. 111

Der Angreifer würgt den Verteidiger von vorn mit beiden Daumen auf dem Kehlkopf (Abb. 109). Der Verteidiger hält den Hauptschlüssel zwischen Daumen und Zeigefinger und stößt ihn dem Angreifer direkt ins Auge (Abb. 110 – 111). **Vorsicht: Diese Technik ist ausgesprochen gefährlich für den Angreifer !**

6. Verteidigung gegen Würgen

Abb. 112   Abb. 113

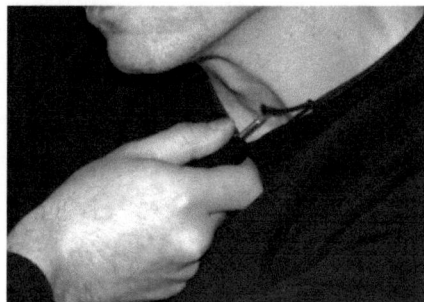

Abb. 115

Abb. 114

Der Schlüssel wird zwischen Daumen und Zeigefinger gehalten (Abb. 112). In dem Moment, in dem der Angreifer den Hals des Verteidigers attackiert, blockiert dieser den Würger, indem er mit dem linken Unterarm von oben auf die Unterarme des Gegners schlägt und sein eigenes Kinn zur Brust zieht. Anschließend stößt er den Schlüssel unterhalb des Kehlkopfes zum Hals des Aggressors (Abb. 113 – 115). **Vorsicht: Diese Technik ist ausgesprochen gefährlich für den Angreifer !**

Kapitel 3

Verteidigung mit schmalen, festen, kantigen Gegenständen

- EC Karte -

- CD Hülle -

- kleines Buch -

- großes Buch -

EC – Karte

1. Verteidigung gegen Kragengreifen

Abb. 116

Abb. 117

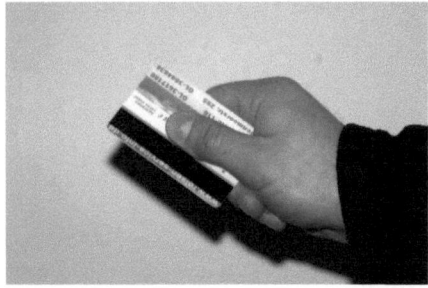

Abb. 119

Abb. 118

Die EC-Karte wird zwischen Daumen und Zeigefinger gehalten (Abb. 116). Der Aggressor ergreift mit beiden Händen den Kragen des Verteidigers (Abb. 117). Mit links blockiert der Verteidiger beide Unterarme des Angreifers von oben, während er mit der EC-Karte von außen die Wange des Aggressors einschneidet (Abb. 118 – 119). Der Schnitt verläuft von oben nach unten diagonal von hinten nach vorn.

2. Verteidigung gegen Umklammern von hinten

Abb. 120   Abb. 121   Abb. 122

Abb. 123   Abb. 124   Abb. 125

Der Verteidiger wird von einem Aggressor von hinten attackiert und über den Armen umklammert (Abb. 120 – 121). Mit der EC-Karte schneidet der Verteidiger dem Angreifer den Handrücken ein, um die Umklammerung zu lösen (Abb. 122 – 123). Sobald der Griff sich löst, dreht sich der Verteidiger heraus, blockiert die Arme des Gegners mit dem linken Oberarm und schneidet mit der Karte die Wange des Aggressors ein (Abb. 124 – 125).

CD – Hülle

1. Verteidigung gegen Kragengreifen

Abb. 126   Abb. 127

Abb. 128   Abb. 129   Abb. 130

Die CD Hülle wird stoßbereit in der Hand gehalten (Abb. 126). Der Aggressor ergreift mit beiden Händen den Kragen des Verteidigers (Abb. 127). Der Verteidiger setzt die Kante der Hülle auf dem Handgelenk des Gegners auf, fixiert sie mit beiden Händen und drückt über die Kante das Handgelenk zur eigenen Brust, um den Griff des Aggressors zu lösen (Abb. 128). Sobald der Kopf des Aggressors in Reichweite ist, stößt der Verteidiger die Kante der Hülle mit rechts seitlich unter den Kiefer des Angreifers (Abb. 129 – 130).

2. Verteidigung gegen Greifen von vorn

Abb. 131

Abb. 132

Abb. 133

Abb. 134

Der Verteidiger sitzt im Auto mit geöffneter Tür und ergreift eine CD Hülle, die im Wagen liegt, als er merkt, daß ein Angreifer sich nähert (Abb. 131). Damit der Aggressor die PKW Tür nicht als Waffe nutzen kann, blockiert der Verteidiger diese mit der linken Hand und dem linken Fuß und schließt die CD Hülle (Abb. 132). In dem Moment, in dem der Gegner zugreifen will, stößt der Verteidiger die Hülle unter die Nase des Aggressors (Abb. 133). Im Aufstehen holt der Verteidiger von der linken Seite aus und stößt mit der Ecke der Hülle zum Hals des Gegners (Abb. 134).

3. Verteidigung gegen einen Fauststoß

Abb. 135

Abb. 136

Abb. 137

Abb. 138

Der Verteidiger steht an seinem Auto, hält in der rechten Hand eine CD Hülle, als er von einem Gegner angegriffen wird (Abb. 135). Der Aggressor greift mit einem Fauststoß zum Kopf an, den der Verteidiger mit der CD Hülle zum Handgelenk des Angreifers blockt (Abb. 136). Der Verteidiger hält den Schlagarm des Angreifers fest und drückt ihn über den Rahmen der geöffneten Autotür. In der Rückholbewegung schlägt der Verteidiger die Kante der Hülle zum Hals des Aggressors (Abb. 137). Die Fixierung des Schlagarms bleibt bestehen und es erfolgt ein weiterer Schlag zur anderen Halsseite (Abb. 138).

Buch (fester Einband – schmal)

1. Verteidigung gegen beidhändiges Kragengreifen

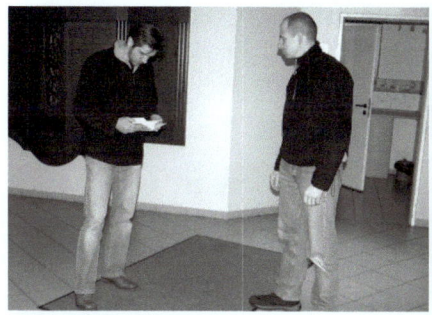

Abb. 139

Abb. 140

Abb. 141

Abb. 142

Abb. 143

Der Verteidiger schlägt gerade etwas in einem kleinen Büchlein mit hartem Cover nach, als ein Aggressor versucht ihn zu ergreifen (Abb. 139-140). Der Angegriffene blockt den Angriff mit der Kante des Buches gegen den Ellenbogen, übernimmt den linken Arm des Angreifers mit der freien Hand, um einen Stoß mit der Ecke des Buches zu den Rippen führen zu können (Abb. 141 – 143). Die Technik kann zur anderen Körperseite weitergeführt werden und von dort kann noch ein Schlag mit der Kante zum Hals des Gegners erfolgen (ohne Abb.).

2. Verteidigung gegen einen Fußstoß

Abb. 144

Abb. 145

Abb. 146

Abb. 147

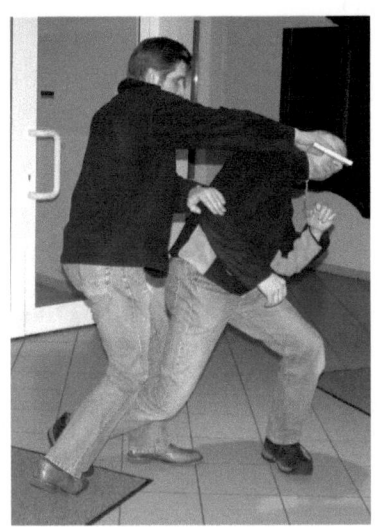

Abb. 148

Der Angreifer geht mit einem Fußstoß gegen den Bauch des Verteidigers vor (Abb. 144 – 145). Der Verteidiger weicht nach innen aus und stößt das Buch auf das Nasenbein zwischen die Augen (Abb. 145). Unmittelbar nach dem Stoß zum Gesicht, setzt der Verteidiger noch einen Low Kick zum rechten Bein des Aggressors und holt gleichzeitig mit dem Buch aus (Abb. 146 – 147). Mit der Buchkante erfolgt nun noch ein Schlag zum Jochbein des Gegners (Abb. 148).

3. Verteidigung gegen einen Fauststoß

Abb. 149

Abb. 150

Abb. 151

Abb. 152

Der Aggressor geht mit einem Fauststoß zum Gesicht vor (Abb. 149). Der Verteidiger weicht nach innen aus und blockt den Angriff mit dem Buch auf den Unterarm des Aggressors (Abb. 150). Das Buch wird in einem Schlag zurückgeführt und mit der Ecke zum Auge geschlagen (Abb. 151). In einem Halbkreis wird das Buch wieder nach unten geführt und mit der Ecke zu den Rippen geschlagen (Abb. 152). **Vorsicht: Diese Technik ist für den Angreifer äußerst gefährlich!**

Großes Buch

1. Verteidigung gegen beidhändiges Kragengreifen

Abb. 153　　　　　　　　　　Abb. 154

Abb. 155　　　　　　　　　　Abb. 156

Der Aggressor ergreift den Kragen des Verteidigers mit einer Hand (Abb. 153). Mit dem schweren Buch stößt der Verteidiger, der es mit beiden Händen hält, zum Ellenbogen, überstreckt damit das Gelenk und löst den Griff (Abb. 154). Der Verteidiger läßt mit einer Hand los und schlägt mit viel Schwung die Kante des Buches zum Gesicht des Angreifers (Abb. 155 – 156).

2. Verteidigung gegen mehrere Fauststöße

Abb. 157   Abb. 158

Abb. 159   Abb. 160   Abb. 161

Der Verteidiger hält mit beiden Händen ein großes Buch an den schmalen Seiten fest. In diesem Moment greift der Aggressor mit einem Fauststoß mit rechts an (Abb. 157). Mit dem breiten Rand des Buches blockt der Verteidiger den Angriff (Abb. 158). Der Angreifer stößt nun mit der linken Faust zum Gesicht des Angegriffenen, welche der Verteidiger erneut mit der breiten Buchkante abblockt (Abb. 159). Auch der dritte Faustangriff des Gegners wird in gleicher Weise geblockt (Abb. 160). Jetzt geht der Verteidiger einen ganzen Schritt vor und stößt die breite Kante des Buches zur Schläfe des Aggressors (Abb. 161).

3. Verteidigung gegen einen Fußtritt

Abb. 162   Abb. 163

Abb. 164   Abb. 165

Der Verteidiger hält mit beiden Händen ein großes Buch mit festem Einband an den schmalen Kanten fest, während der Aggressor mit einem Fußtritt zum Bauch vorgeht (Abb. 162). Den Fußtritt blockt der Verteidiger mit der breiten Kante des Buches zum Schienbein des Angreifers und weicht dabei schräg nach hinten aus (Abb. 163). Bevor der Angreifer seine Attacke fortsetzen kann, schlägt der Verteidiger dem Gegner das Buch an den Kopf (Abb. 164).

Kapitel 4

Verteidigung mit langen, schmalen Gegenständen

- Zeitschrift -

- Knirps (Regenschirm) -

- Stockschirm -

- Besen -

- Luftpumpe -

- Wasserflasche -

Zusammengerollte Zeitung / Zeitschrift

1. Griffe

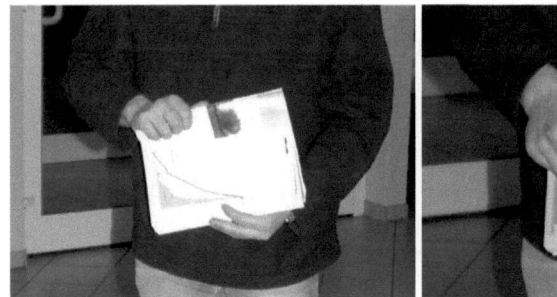

Abb. 166   Abb. 167

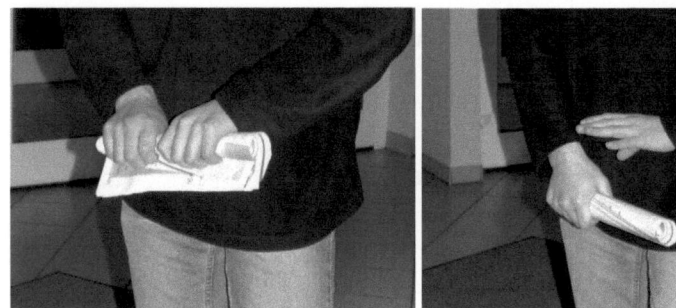

Abb. 168   Ab. 169

Wie auf den Abbildungen 166 – 169 gezeigt wird, wird die Zeitung so eingerollt, daß die Seiten in der Endposition nach außen zeigen und nicht eingerollt sind. In dieser Griffhaltung kann der Verteidiger nicht nur mit der Zeitung stoßen und schlagen, sondern dem Gegner auch feine Hautschnitte zufügen, die unter Umständen bei einer späteren Identifizierung hilfreich sein können. Es können alle Blöcke und Schläge mit einer leichten Zugbewegung kombiniert werden. Sie verlieren dadurch nicht zwangsläufig an Effizienz. Ist natürlich ein harter Block, Schlag oder Stoß zu führen, rückt die Schnittvariante in den Hintergrund!

2. Verteidigung gegen einen Fauststoß

Abb. 170

Abb. 171

Abb. 172

Abb. 173

Abb. 174

Abb. 175

Der Angreifer geht mit einem Fauststoß zum Gesicht des Verteidigers vor (Abb. 170). In diesem Moment weicht der Verteidiger nach innen aus und schlägt mit der Zeitschrift zum Unteram des Aggressors (Abb.171). In der Rückholbewegung schlägt der Verteidiger die Zeitschrift in das Gesicht des Aggressors (Abb.172) und führt direkt einen Stoß mit der Zeitschrift zur Nase des Angreifers (Abb.173 - 175).

3. Verteidigung gegen Umklammern von vorn über den Armen

Abb. 176   Abb. 177   Abb. 178

Abb. 179   Abb. 180

Der Angreifer umklammert den Verteidiger von vorn über den Armen (Abb. 176). In diesem Moment stößt der Verteidiger die zusammengerollte Zeitschrift in die Genitalien des Aggressors und stößt ihm mit dem Kopf ins Gesicht (Abb. 177 + 179 + 180). Sobald der Griff sich löst nimmt der Verteidiger Abstand und stößt den Angreifer von sich weg (Abb. 178)

4. Verteidigung gegen einen Fußtritt von vorn

Abb. 181

Abb. 183

Abb. 182

Abb. 184

Der Angreifer geht mit einem Fußtritt gegen den Verteidiger vor (Abb. 181). Der Verteidiger weicht nach innen aus und schlägt mit der Zeitung zur linken Schläfe des Aggressors (Abb. 182). Noch bevor der Gegner den Fußtritt vollendet hat, schlägt der Verteidiger von der anderen Seite zum Gesicht des Angreifers (Abb. 183 - 184). Zum Abschluß führt der Verteidiger noch einen Kniestoß in den Bauch aus (Abb. 185).

Abb.185

5. Verteidigung gegen einen Faußtstoß

Abb. 186

Abb. 187

Abb. 188

Abb. 189

Der Angreifer geht mit einem Faußtstoß zum Gesicht des Verteidigers vor (Abb. 186). Der Verteidiger weicht nach außen aus und blockt mit einem Schlagblock mit der Zeitung den Angriff (Abb. 187). In einer direkten Bewegung führt der Verteidiger die Technik weiter und stößt dem Aggressor die Zeitung ins Gesicht (Abb. 188 - 189).

6. Verteidigung gegen einen Fußstoß

Abb. 190

Abb. 191

Abb. 192

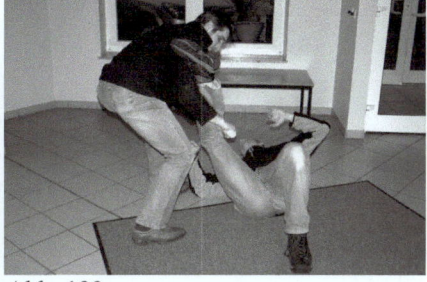

Abb. 193

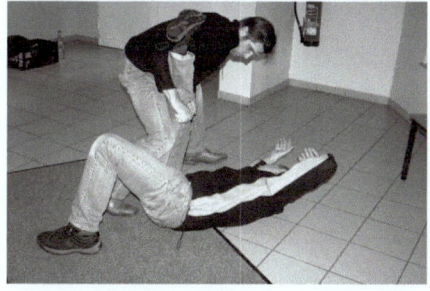

Abb. 194

Der Aggressor geht mit einem Fußstoß vor (Abb. 190). Der Verteidiger weicht nach außen aus, blockt den Tritt mit der Zeitung und fängt im gleichen Zug das Bein auf (Abb. 191). Er setzt die Zeitung so an, daß er mit ihr, von innen Druck auf das gegnerische Knie geben kann und damit einen Wurf ansetzt. Mit der freien Hand unterstützt er die Technik (Abb. 192). Sobald der Verteidiger den Hebel angesetzt hat, gibt er Druck auf die Innenseite des gegnerischen Knies und verdreht es damit nach außen. Nun wirft der Verteidiger den Angreifer über den Beinhebel zu Boden (Abb. 193 - 194).

7. Verteidigung gegen einen Stockangriff

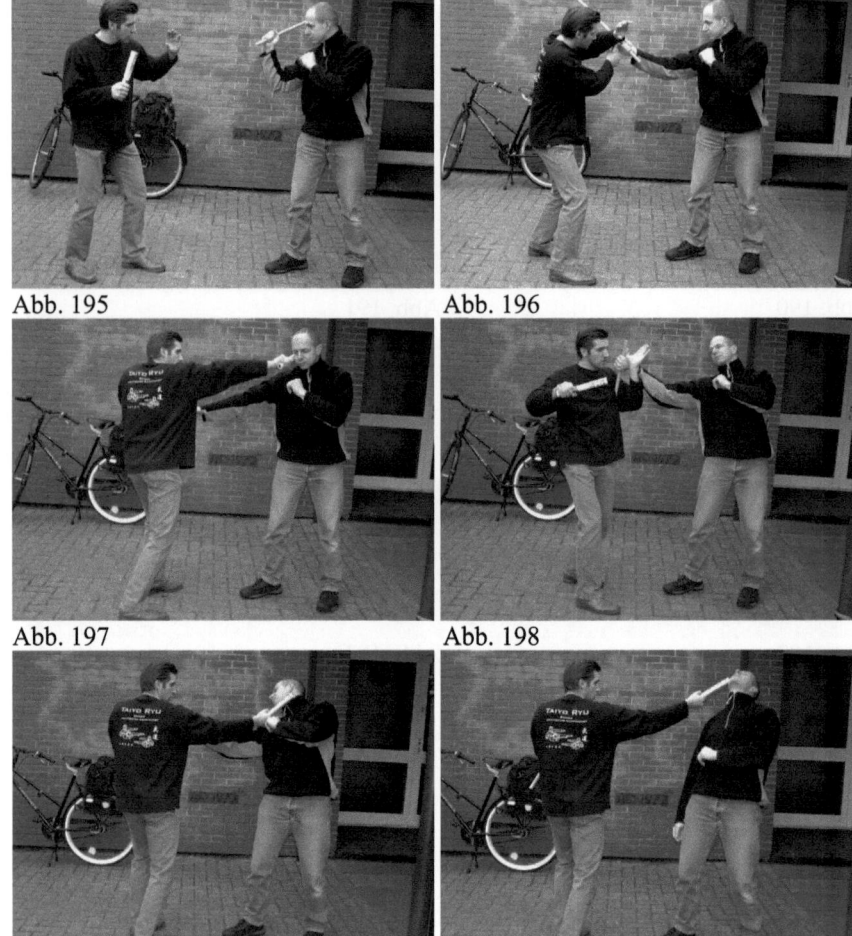

Abb. 195   Abb. 196

Abb. 197   Abb. 198

Abb. 199   Abb. 200

Der Angreifer greift mit einem Schlag von der Seite zum Kopf an (Abb. 195). In dem Moment des Angriffs gleitet der Verteidiger etwas vor und blockt den Schlag mit der Zeitung, die er mit der freien Hand zusätzlich stabilisiert (Abb. 196). Direkt nach dem Block fixiert der Verteidiger den Waffenarm des Aggressors und kontert mit der Zeitung zum Gesicht (Abb. 197). Der Verteidiger schlängelt sich mit der freien Hand von oben außen um den Waffenarm und kann dem Aggressor durch einen leichten Ruck nach oben außen entwaffnen (Abb. 198 – 199). Direkt nach der Entwaffnung führt der Verteidiger noch einen Konter zum Gesicht des Gegners (Abb. 200).

Der Knirps – Regenschirm

Ein Knirps ist recht vielseitig einsetzbar. Neben seiner normalen Funktion, seinen Träger vor Regen zu schützen, ist er auch ein hervorragendes Verteidigungsmittel. Besonders in geschlossener Form kann man ihn fast ebenso effektiv einsetzen, wie einen gleichlangen Stock.

1. Verteidigung gegen einen Schwinger zum Kopf

Abb. 201

Abb. 202

Abb. 203

Abb. 203 A

Der Angreifer holt zum Schlag ins Gesicht aus (Abb. 201). Der Verteidiger weicht nach innen aus und schlägt den Schirm zum Arm des Aggressors (Abb. 202). In der direkten Rückholbewegung schlägt der Verteidiger den Knauf des Schirms als Konter gegen die Schläfe des Gegners (Abb. 203 – 203A).

2. Verteidigung gegen Kragengreifen

Abb. 204   Abb. 205   Abb. 206

Abb. 207   Abb. 208

Der Angreifer hält den Verteidiger mit beiden Händen am Kragen (Abb. 204). Der Verteidiger hält den Schirm in rückwärtiger Position mit dem Knauf daumenwärts. In dieser Haltung stößt der Angegriffene den Knauf von schräg unten zu den Rippen des Aggressors (Abb. 205 - 206). Von hier zieht der Verteidiger den Schirm hoch und schlägt ihn dem Angreifer ins Gesicht (Abb. 207). Zum Abschluß erfolgt noch ein Stoß zur Nase (Abb. 208).

3. Verteidigung gegen Kragengreifen

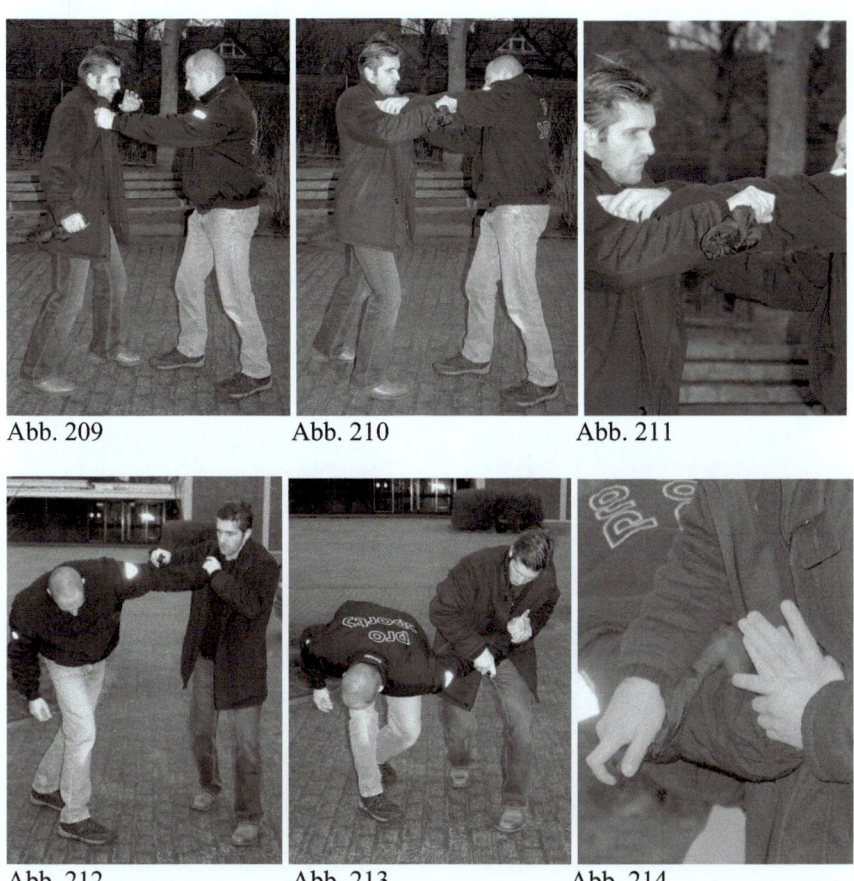

Abb. 209   Abb. 210   Abb. 211

Abb. 212   Abb. 213   Abb. 214

Der Angreifer hält den Verteidiger mit beiden Händen am Kragen (Abb. 209). Der Verteidiger hält den Schirm in rückwärtiger Position mit dem Knauf daumenwärts. In dieser Haltung stößt der Angegriffene den Knauf von unten auf den Ellenbogen des Aggressors und greift mit der freien Hand diagonal von oben die Hand des Gegners (Abb. 210 – 211). Der Angreifer löst den Griff und der Verteidiger dreht den Arm über den Handgelenkshebel einwärts, um einen kombinierten Handgelenks- und Armstreckhebel ansetzen zu können (Abb. 212 – 214).

4. Verteidigung gegen Greifen von hinten

Abb. 215   Abb. 216   Abb. 217

Abb. 218

Abb. 219

Der Verteidiger wird vom Angreifer mit der linken Hand an der rechten Schulter gefaßt (Abb. 215). Der Verteidiger hält den Schirm in rückwärtiger Position mit dem Knauf daumenwärts. Anstatt sich rechtsherum zu drehen, bewegt sich der Verteidiger gegen die Zugrichtung und hebt den Waffenarm zum Block (Abb. 216). Mit dem Block gegen den Ellenbogen löst sich der Angegriffene (Abb. 217). Der Arm des Angreifers wird mit der linken Hand am Handgelenk gefaßt, abwärts geführt und der Schirm an seinem Hals angesetzt. Der Verteidiger klemmt den Hals des Aggressors zwischen Schirm und Unteram ein und setzt einen Fußfeger an (Abb. 218). Mit Zug nach hinten links und dem Fußfeger wird der Gegner zu Boden gebracht (Abb. 219).

5. Verteidigung gegen einen Stockangriff zum Kopf

Abb. 220   Abb. 221

Abb. 222   Abb. 223

Abb. 224   Abb. 225

Der Angreifer geht mit einem Stockschlag zur rechten Schläfe vor (Abb. 220). Der Verteidiger blockt mit dem Schirm und unterstützt den Block mit der freien Hand (Abb. 221). Mit einem einfachen Schlag aus der Blockposition zum Gesicht des Gegners kontert der Verteidiger den Angriff (Abb. 222). Er zieht den Arm zurück und führt den eigenen Waffenarm von unten um den Waffenarm des Angreifers herum (Abb. 223). Mit der Rotation und dem Druck nach unten – außen entwaffnet der Verteidiger den Aggressor und kontert erneut zum Gesicht (Abb. 224 - 225).

Stockschirm

Der Stockschirm ist zwar in einigen Situationen nicht so handlich wie der Knirps, hat jedoch andere Vorteile. Seine Krümmung ist zum Fixieren oder Ziehen gut verwendbar und die Spitze für Stoß- oder Abwehrtechniken auf Distanz geeignet.

1. Verteidigung gegen einen anstürmenden Gegner

Abb. 226   Abb. 227

Abb. 228

Der Angreifer stürmt auf den mit einem Stockschirm ausgestatteten Verteidiger zu (Abb. 226). Bevor der Aggressor fassen oder umklammern kann, schiebt der Verteidiger den Schirm mit der Krümmung voran unter das Kinn des Gegners und stößt ihn so von sich (Abb. 227 – 228). Mit einer starken Vorwärtsbewegung kann der Angreifer, aufgrund seiner rückgeneigten Stellung, auch zu Fall gebracht werden.

2. Verteidigung gegen einen Faustangriff

Abb. 229   Abb. 230

Der Angreifer geht mit einem Fauststoß zum Gesicht des Verteidigers vor (Abb. 229). Der Verteidiger weicht nach innen aus, blockt den Angriff mit der linken Hand und schlägt gleichzeitig mit dem Griff des Schirms, der sich in der rechten Hand befindet, zur Schläfe des Aggressors (Abb. 230).

3. Verteidigung gegen einen Tritt zum Bauch

Abb. 231   Abb. 232

Abb. 233
Der Verteidiger wird von vorn mit einem Fußtritt zum Bauch angegriffen (Abb 231). Er weicht nach innen aus und schlägt dem Aggressor von unten mit dem Griff des Schirms in die Genitalien (Abb. 233). Die linke Hand des Verteidigers sichert die Ausweichbewegung mit einem leichten Gleitblock (Abb. 232.)

4. Verteidigung gegen beidhändiges Kragengreifen

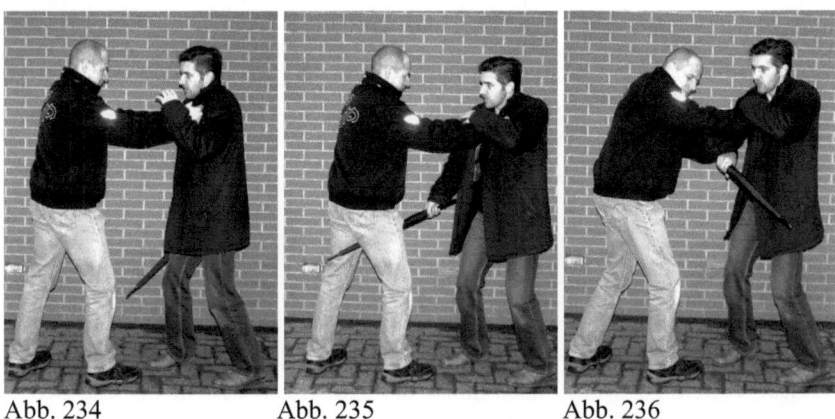

| Abb. 234 | Abb. 235 | Abb. 236 |

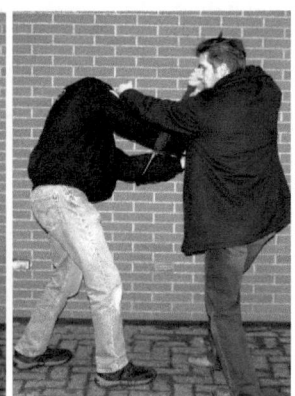

| Abb. 237 | Abb. 238 | Abb. 239 |

Der Verteidiger hält den Schirm kurz unterhalb des Griffes. Er wird von einem Aggressor frontal mit beiden Händen am Kragen gefasst (Abb. 234). Der Verteidiger zieht den Schirm von unten hoch, zwischen die Beine des Aggressors und trifft so die Genitalien des Angreifers (Abb. 235). Nun wird das Griffstück des Schirms in die gegnerische Armbeuge gehakt, der Schirm von unten nach oben rechts herumgeführt (Abb. 236 – 238). Der Griff des Aggressors wird so gelöst. Mit der linken Hand führt der Verteidiger einen gezielten Schlag zum Gesicht des Angreifers (Abb. 239).

5. Verteidigung gegen beidhändiges Kragengreifen

Abb. 240   Abb. 241

Abb. 242   Abb. 243

Der Aggressor ergreift den Kragen des Verteidigers von vorne mit beiden Händen (Abb. 240). Der Verteidiger schiebt den Schirm von unten zwischen die Arme des Angreifers und dreht ihn so, daß der unter dem Schirm liegende Arm abwärts und der über dem Schirm liegende Arm aufwärts geschoben wird (Abb. 241 – 242). In dem hier gezeigten Fall dreht der Verteidiger den Schirm rechts herum. Sobald der Gegner den Griff löst, stößt der Verteidiger dem Angreifer den Griff des Schirms an die Schläfe (Abb. 243).

6. Der Stockschirm in der Nothilfe

Abb. 244   Abb. 245

Abb. 246   Abb. 247

Der Verteidiger erkennt, daß ein Aggressor ein Kind belästigt und nähert sich dem Angreifer unbemerkt von hinten (Abb. 244). Der Nothilfeleistende setzt die Krümmung des Handgriffs am Hals des Angreifers an und verhindert eine Ausweichbewegung mit der linken Hand an der Schulter des Gegners (Abb. 245). In diesem Ansatz zieht der Verteidiger den Aggressor nach hinten und bringt ihn so aus dem Gleichgewicht (Abb. 246). Durch diesen Zug und den Druck der Krümmung am Hals löst der Angreifer den Griff (Abb. 246 – 247). Achtung, falsch angesetzt könnte der Griff auf dem Kehlkopf des Gegners großen Schaden anrichten.

7. Verteidigung gegen einen Faustangriff

Abb. 248   Abb. 249

Abb. 250   Abb. 251

Abb. 252

Der Angreifer geht mit einem Faustschlag zum Kopf vor (Abb. 248). Die Griffkrümmung des Schirms nach oben haltend blockt der Verteidiger den Angriff mit dem Schirm und der freien Hand (Abb, 249). Der Griff wird bei dem Block auswärts gedreht, so daß der Verteidiger den Schirm etwas abwärtsziehen kann und damit den Arm des Angreifers einhakt. Nun wird der gegnerische Arm mit Unterstützung der freien Hand unten herum weitergeführt (Abb. 250). Zeigt die Krümmung abwärts, löst der Verteidiger den Arm des Aggressors aus der Schirmkrümmung, indem er mit ihr einen direkten Stoß zu den Rippen des Gegners führt (Abb. 251). Abschließend setzt der Verteidiger noch einen Wurf an, indem er die Krümmung in der Kniekehle ansetzt und in Laufrichtung zieht, gleichzeitig mit der freien Hand jedoch die Schulter oder den Arm des Aggressors nach hinten zieht (Abb. 252).

Besen

1. Verteidigung gegen einen anstürmenden Gegner

Abb. 253   Abb. 254

Der Verteidiger fegt gerade den Hof, als er einen Aggressor auf sich zukommen sieht (Abb. 253). Noch bevor der Angreifer seine Attacke durchführen kann, hebt der Verteidiger den Besen und stößt dem Gegner die Borsten ins Gesicht (Abb. 254). Mit einer starken Vorwärtsbewegung kann der Angreifer, aufgrund seiner rückgeneigten Stellung, auch zu Fall gebracht werden.

2. Verteidigung gegen einen Greifangriff von vorn

Abb. 255   Abb. 256

Der Aggressor ergreift mit einer Hand den Kragen des Verteidigers und will mit der linken Hand einen Schlag zum Gesicht führen (Abb. 255). Bevor der Angreifer seine Attacke fortsetzen kann, stößt der Verteidiger ihm den Besenstiel auf die Nase (Abb. 256).

3. Befreiung des Besen von einem gegnerischem Griff

Abb. 257

Abb. 258

Abb. 259

Abb. 260

Der Aggressor ergreift den Besenstiel mit der rechten Hand (Abb. 257). Mit beiden Händen den Besen haltend führt der Verteidiger den Stiel über unten auf die rechte Außenseite der gegnerischen Hand und führt ihn abwärts (Abb. 258). Sobald sich der Griff in der verdrehten Position löst, stößt der Verteidiger den Stiel zu den Rippen des Gegners (Abb. 259). Direkt nach dem Stoß zu den Rippen schlägt der Verteidiger den Bürstenkopf zur Schläfe des Aggressors (Abb. 260).

4. Verteidigung gegen Kragengreifen

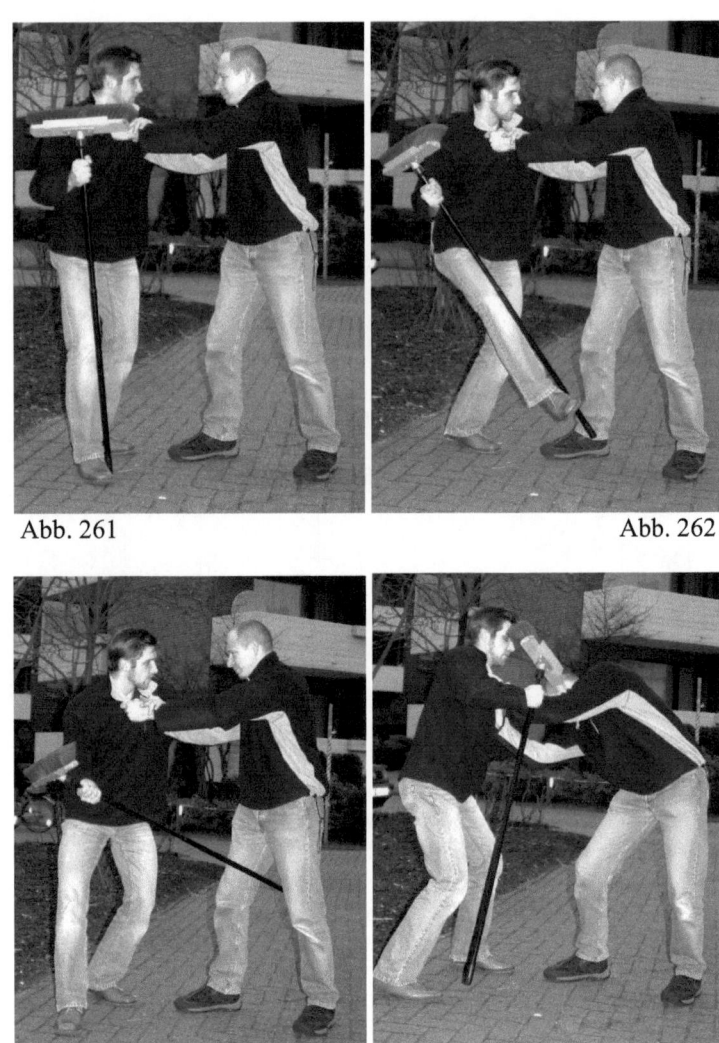

Abb. 261   Abb. 262

Abb. 263   Abb. 264

Der Verteidiger wird von einem Aggressor am Kragen ergriffen, während er sich auf dem Besen abstützt (Abb. 261). Mit dem rechten Fuß schießt der Verteidiger den Stiel des Besens, den er mit der linken Hand führt, zwischen die Beine des Angreifers (Abb. 262 – 263). In der Rückholbewegung schlägt der Verteidiger dem Gegner den Besen gegen die Schläfe (Abb. 264).

5. Verteidigung gegen einen Fußtritt zum Bauch

Abb. 265

Abb. 266

Abb. 267

Abb. 268

Der Aggressor geht mit einem Fußtritt zum Bauch vor. Dem Tritt weicht der Verteidiger nach innen aus und schlägt den Stiel des Besens zum Knie (Abb. 265). Instinktiv setzt der Angreifer das Bein ab und stößt mit der rechten Faust zum Kopf (Abb. 266). Hier dreht sich der Verteidiger nach außen und nimmt in einer Kreisbewegung von außen nach innen den Schlag mit dem Besen auf (Abb. 267). Sobald der Besen vor dem Gesicht des Gegners ankommt, erfolgt ein Stoß zum Gesicht des Aggressors (Abb. 268)

Luftpumpe

Grundsätzlich sollte man darauf achten, wie man die Luftpumpe in der Verteidigung hält. Nimmt man sie nur am Griff, so kann sie bei schnellen Schlägen oder Blöcken ausfahren. Dies kann man gezielt einsetzen. Jedoch sollte man sich darüber im Klaren sein, daß die Stabilität sehr darunter leidet. Zum Fixieren kann man mit Daumen und Zeigefinger leicht über den Griff hinaus greifen und die Pumpfunktion so verhindern.

1. Verteidigung gegen einen Faustangriff

Abb. 269   Abb. 270

Abb. 271   Abb. 272

Die Luftpumpe wird so gehalten, daß sie bei Schlägen oder Blöcken nicht ausfahren kann. Der Aggressor geht mit einem Faustangriff zum Gesicht vor, den der Verteidiger mit der Luftpumpe blockt (Abb. 270). Mit dem Block weicht der Verteidiger nach innen aus und ergreift mit links den Schlagarm des Aggressors. Nun schlägt der Verteidiger mit der Luftpumpe zur rechten Schläfe des Angreifers und setzt direkt einen Tritt in den Unterbauch hinterher (Abb. 271 – 272).

2. Verteidigung gegen einen Fußtritt

Abb. 273

Abb. 274

Abb. 275

Abb. 276

Abb. 277
Der Aggressor geht mit einem Fußtritt zum Bauch vor (Abb. 273). Der Verteidiger weicht nach innen aus und schlägt mit der Pumpe zum Knie des Angreifers (Abb. 274). Dieser Block dient mehr der Sicherheit, denn die Pumpe ist nicht stark genug, einen Tritt zu blocken. Die Ausweichbewegung ist also äußerst wichtig. Durch den Block wird der Weg bereitet, dem Gegner mit der Pumpe gezielt zwischen die Beine zu schlagen (Abb. 275). In der Rückholbewegung läßt der Verteidiger die Pumpe zum Gesicht schnappen (Abb. 276). Zum Abschluß geht der Verteidiger einen ganzen Schritt vor und stößt dem Aggressor seitlich mit dem Ellenbogen zum Kopf (Abb. 277).

3. Verteidigung gegen beidhändiges Kragengreifen

Abb. 278   Abb. 279

Abb. 280   Abb. 281

Der Aggressor ergreift mit beiden Händen den Kragen des Verteidigers (Abb. 278). Der Verteidiger hebt die Luftpumpe über die Arme, ergreift sie mit beiden Händen und schlägt die Pumpe von oben auf die Ellenbogenbeugen, um den Hals des Gegners näher heran zu holen (Abb. 279). Direkt von den Ellenbogenbeugen stößt der Verteidiger die Mitte der Pumpe zum Hals / Kehlkopf des Angreifers (Abb. 280). Hier darf die Pumpe ruhig einknicken, da nun noch ein Stoß mit der rechten Faust folgt (Abb. 281).

Wasserflasche voll – aus Plastik

1. Verteidigung gegen einen Schwinger zum Kopf

Abb. 282

Abb. 283

Abb. 284

Abb. 285

Abb. 286

Die Flasche wird mit dem Verschluß in Kleinfinger Richtung gehalten (Abb. 282). Der Angreifer geht mit einem Schwinger zum Kopf des Verteidigers vor (Abb. 283). Der Verteidiger blockt den Schlag mit der Flasche und schleudert in der Rückholbewegung die Flasche zur rechten Gesichtshälfte des Angreifers (Abb. 284 - 286).

2. Verteidigung gegen Kragengreifen und einen versuchten Fauststoß

Abb. 287   Abb. 288

Abb. 289   Abb. 290

Die Flasche wird mit dem Verschluß in Kleinfinger Richtung gehalten (Abb. 287). Der Angreifer ergreift mit rechts den Kragen des Verteidigers und holt mit links zum Schlag aus (Abb. 288). In diesem Moment stößt der Verteidiger den Boden der Flasche direkt auf die Nase des Angreifers (Abb. 289 - 290).

3. Verteidigung gegen einen Fußtritt zum Bauch

Abb. 291   Abb. 292

Abb. 293   Abb. 294

Abb. 295

Die Flasche wird mit dem Verschluß in Richtung kleinen Finger gehalten (Abb. 291). Der Angreifer geht mit einem geraden Fußtritt zum Bauch des Verteidigers vor (Abb. 292). Der Verteidiger weicht nach innen aus und schlägt die Flasche gegen das Bein (Abb. 293). Direkt nach dem Schlag gegen das Bein führt der Verteidiger einen Schlag mit der Flasche zu den Genitalien des Gegners (Abb. 294) und in der Rückführbewegung einen Schlag zum Gesicht (Abb. 295)

4. Verteidigung gegen einen Fußtritt zum Bauch

Abb. 296   Abb. 297

Die Flasche wird mit dem Verschluß in Richtung kleinen Finger gehalten (Abb. 291). Der Angreifer geht mit einem geraden Fußtritt zum Bauch des Verteidigers vor (Abb. 296). Der Verteidiger weicht nach innen aus und schlägt die Flasche gegen den Kopf des Aggressors (Abb. 297).

Danksagung

Ich danke Markus Wandscher und Christian Gottberg, die mir bei den Aufnahmen als Partner halfen, Ariane Bukowski, die die Fotoaufnahmen machte, sowie meinen Eltern und Geschwistern , die mich stets unterstützt und mir geholfen haben, meinen Weg zu finden und gegen alle Widrigkeiten zu gehen.

Mini Stick - Kubotan

ISBN: 3-8334-5288-9   Preis: 9,90 €

Der „Mini Stick als effektives Verteidigungs-mittel" ist im traditionellen Budo keine Neuheit. In Japan gibt es den Kubotan, auf den Philippinen findet das geschlossene Balisong die gleichen Anwendungsmöglichkeiten des Mini Sticks und heute nutzen wir ihn als Schlüsselanhänger. Man kann ihn aber auch in fast allen Techniken gegen andere kurze Gegenstände austauschen.

Der Autor demonstriert verschiedene Anwendungsmöglichkeiten des Mini Stick. Mit 255 Abbildungen wird der Leser von Befreiungstechniken über Kontrollmöglichkeiten zu finalen Techniken geführt, um gefährliche Situationen klar zugunsten des Verteidigers entscheiden zu können. Anhand dreier Druckpunktübersichten werden über 50 mögliche Angriffspunkte am menschlichen Körper inkl. Beschriftung aufgezeigt.